BEI GRIN MACHT SICH IHR WISSEN BEZAHLT

- Wir veröffentlichen Ihre Hausarbeit, Bachelor- und Masterarbeit

- Ihr eigenes eBook und Buch - weltweit in allen wichtigen Shops

- Verdienen Sie an jedem Verkauf

Jetzt bei www.GRIN.com hochladen und kostenlos publizieren

Daniel Seidl

Welche Dienste für CarSharing Nutzer erlaubt Activity Recognition?

GRIN Verlag

Bibliografische Information der Deutschen Nationalbibliothek:

Die Deutsche Bibliothek verzeichnet diese Publikation in der Deutschen National-
bibliografie; detaillierte bibliografische Daten sind im Internet über http://dnb.d-
nb.de/ abrufbar.

Impressum:

Copyright © 2010 GRIN Verlag GmbH
Druck und Bindung: Books on Demand GmbH, Norderstedt Germany
ISBN: 978-3-640-83894-3

Dieses Buch bei GRIN:

http://www.grin.com/de/e-book/167313/welche-dienste-fuer-carsharing-nutzer-
erlaubt-activity-recognition

GRIN - Your knowledge has value

Der GRIN Verlag publiziert seit 1998 wissenschaftliche Arbeiten von Studenten, Hochschullehrern und anderen Akademikern als eBook und gedrucktes Buch. Die Verlagswebsite www.grin.com ist die ideale Plattform zur Veröffentlichung von Hausarbeiten, Abschlussarbeiten, wissenschaftlichen Aufsätzen, Dissertationen und Fachbüchern.

Besuchen Sie uns im Internet:

http://www.grin.com/

http://www.facebook.com/grincom

http://www.twitter.com/grin_com

Lehrstuhl für Angewandte Informatik in den
Kultur-, Geschichts- und Geowissenschaften
Otto-Friedrich-Universität Bamberg

KInf-Sem-B: Bachelorseminar Kulturinformatik
Ortsbezogene Soziale Netzwerke
Sommersemester 2010

Welche Dienste für CarSharing Nutzer erlaubt Activity Recognition?

Daniel Seidl
23. Juli 2010

Inhaltsverzeichnis

Abbildungsverzeichnis

1 Car Sharing

Im Jahre 1990 saßen bei knapp 90% aller Arbeitsfahrten und bei 58% aller anderen Fahrten in den Vereinigten Staaten neben dem Fahrer keine weiteren Passagiere in den Fahrzeugen. Die meisten Fahrzeuge stehen zudem knapp 23 Stunden täglich ungenutzt auf Parkplätzen (vgl. Shaheen et al., 1998, S. 1). Ähnliche Zahlen sind auch für Europa zu erwarten. Daher erscheint es eine logische Folge zu sein, dass CarSharing vor allem in den letzten Jahren zu einem immer größeren Thema – vor allem in Europa – wird.

Auf den folgenden Seiten wird zunächst genauer auf den Begriff „CarSharing" und die aktuelle Ausgangslage bei den größeren Dienstleistern eingegangen. Anschließend werden „Activity Recognition" und „Floating Car Data" genauer beleuchtet. Im Anschluss wird auf mögliche Dienste für CarSharing Nutzer auf Basis von „Activity Recognition" und „Floating Car Data" eingegangen, wobei vor allem das automatische Erkennen von Zielen im Fokus stehen soll. Hierbei werden auch Techniken zum Clustern von Daten miteinander verglichen und deren Nutzen diskutiert. Zum Ende folgt eine Zusammenfassung der Ergebnisse und ein Fazit.

1.1 Definition des Begriffes

Während viele Fahrzeuge meist nur von einer Person genutzt werden und dabei meist weniger als eine Stunde täglich, setzt CarSharing auf ein gemeinschaftliches Nutzen von Fahrzeugen, um so die Nutzung effektiver und wirtschaftlicher zu gestalten. Hierbei kann das CarSharing privat, z.B. in der Nachbarschaft oder unter Freunden organisiert werden, oder im größeren Maßstab durch Dienstleister (vgl. Shaheen et al., 1998, S. 1). Auf den folgenden Seiten wird jedoch nur auf das durch Dienstleister organisierte CarSharing Bezug genommen.

In Deutschland gibt es derzeit ca. 100 Dienstleister für CarSharing, wobei die meisten nur lokal in einzelnen Städten tätig sind, nur wenige große Dienstleister können mit mehreren tausend Kunden aufwarten und haben ihr Geschäftsgebiet auf mehrere Städte ausgeweitet. Die größten Dienstleister in Deutschland sind der Marktführer Stadtmobil[1] mit 25.000 Kunden und 1.000 Fahrzeugen in 61 Städten, cambio CarSharing[2] mit 20.500 Kunden und 600 Fahrzeugen in 24 Städten und Greenwheels[3] mit 20.000 Kunden und 500 Fahrzeugen.

Kunden müssen vor der Inanspruchnahme jedoch zunächst einen Rahmenvertrag mit dem Dienstleister abschließen bzw. Mitglied in einem CarSharing-Verein werden. Dadurch erhält der Kunde ein Zugangsmedium für die Fahrzeugflotte des Dienstleisters. Vor einer Nutzung muss allerdings telefonisch oder per Internet eine Buchung vorgenommen werden. Die Fahrzeuge können dann entweder an extra eingerichteten Parkplätzen aufgefunden werden oder im Geschäftsgebiet verteilt an den letzten Parkposition stehen.

Unterschiede zum bereits länger bekannten Konzept des Mietwagens sind leicht zu finden: CarSharing ist dezentral angelegt, Fahrzeuge stehen also im gesamten Geschäftsgebiet zur Verfügung. Zudem muss beim CarSharing nur einmalig ein Vertrag abgeschlossen werden und eine Buchung ist für den Kunden rund um die Uhr möglich. Dem Kunden steht es außerdem frei ein Fahrzeug auch für sehr kurze Zeiten in Anspruch zu nehmen, meist ist eine Nutzung schon ab einer Stunde möglich. Das Preismodell sieht zudem nur eine Berechnung der tatsächlich genutzten Zeit vor, d.h. ein abgestelltes (und damit wieder freies) Fahrzeug bedeutet keine weiteren Kosten für den Kunden (siehe auch http://www.carsharing.de).

---

1 Siehe: http://www.stadtmobil.de
2 Siehe: http://www.cambio-carsharing.com
3 Siehe: http://www.greenwheels.de

1.2 Aktuelle Ausgangslage bei CarSharing Dienstleistern

Größere Dienstleister für CarSharing in Deutschland, wie beispielsweise car2go[4], verfügen bereits heute über eingebaute Bordcomputer in jedem Wagen ihrer Fahrzeugflotte. Diese sind mit einer zentralen Stelle des Dienstleisters verbunden. Momentan wird allerdings nur die Position des Fahrzeuges und sowie dessen Status (frei oder besetzt) übertragen, zudem dient der Bordcomputer zum Freigeben für Berechtigte und zum Sperren des Fahrzeugs.

Die Bordcomputer sind mit einem für den Nutzer recht einfach zu verstehenden Touch-Screen ausgestattet, wodurch auch weitere Dienste und Applikationen auf Basis

Abbildung 1: Bordcomputer für CarSharing (Quelle: car2go GmbH)

des Bordcomputers ohne größere Umrüstungen an den Fahrzeugflotten umzusetzen sind. Der Vorteil ist, dass der Dienstleister die in Kapitel Drei ausgeführten Anwendungsfälle und Dienste somit ohne große Kosten an den Fahrzeugen selbst einrichten und nutzen kann. Die Kosten für den möglicherweise nötigen Ausbau der Sensoren an den Fahrzeugen und die Verarbeitung sowie Aufbereitung der gesammelten Daten sind ein Kostenfaktor, der von der bereits bestehenden IT-Infrastruktur des Dienstleisters abhängt und hier nicht näher beleuchtet werden soll.

2 Activity Recognition und Floating Car Data

2.1 Activity Recognition

Allgemein versteht man unter „Activity Recognition" das Ziel die Aktionen und Ziele einer Person durch Beobachtung der Aktionen selbst und der Umgebungsbedingungen automatisch zu analysieren. Per Data Mining auf Basis mehrerer Arten von Sensoren (abhängig von der Ausgangslage) und Maschinellem Lernen wird das Verhalten analysiert (vgl. Ashbrook et al., 2003). Durch umfangreiche Analysen können darauf aufbauend Prognosen für die Zukunft getroffen werden, die auf den gesammelten Daten beruhen.

Ein einfaches Beispiel: Person A fährt montags bis freitags gegen 7 Uhr zur Arbeit und erreicht den Arbeitsplatz gegen 8 Uhr. Um 16 Uhr verlässt Person A den Arbeitsplatz wieder und kommt gegen 17 Uhr wieder zu Hause an. Ein Muster ist hier relativ einfach zu erkennen und zu finden: Die Wahrscheinlichkeit, dass Person A montags bis freitags zwischen 7 Uhr und 8 Uhr auf dem Weg zur Arbeit ist, ist relativ hoch. Auf Basis dieser Informationen vieler Nutzer können weitere Dienste aufbauen, z.B. Prognosen für das Verkehrsaufkommen zu dieser Zeit an bestimmten Orten.

---

4   Siehe: http://www.car2go.com

2.2 Floating Car Data

Auch heute noch wird der größte Teil der Verkehrsinformationen über stationäre Systeme zur Messung der Verkehrsdichte gewonnen, wie z.b. durch in die Fahrbahn eingelassene Induktionsschleifen, Infrarotsensoren oder Videoaufnahmen. Ein großes Problem dieser Technik ist es jedoch die die tatsächlichen Bewegungen der Fahrzeuge im Verkehr zu rekonstruieren und die damit verbundenen Fahrtzeiten zu bestimmen. Da nur stichproben-artige Daten von stationären Quellen zur Verfügung stehen, die miteinander in Verbindung gebracht werden, kann keine Aussage über den tatsächlichen Verkehrsfluss zwischen den Messstationen getätigt werden. Vor allem bei weiter voneinander entfernten Messstationen spielen z.b. Kreuzungen und andere Ampelanlagen eine große Rolle (vgl. Schäfer et al, 2002, S. 1f). Verkehrsstörungen werden also nicht nur ungenau lokalisiert – wenn sie überhaupt lokalisiert werden können – sondern deren zeitliche Relevanz wird oft auch noch zu spät wahrgenommen (vgl. Breitenberger et al, 2004, S. 2).

Desweiteren sind stationäre Sensoren aufwendig und vor allem teuer zu installieren, weswegen günstigere Alternativen natürlich zu bevorzugen sind. Eine bessere Alternative – sowohl aus informationstechnischer Sicht als auch aus Kostensicht – ist das Prinzip der sog. „Floating Car Data" oder kurz FCD (vgl. Lahrmann, 2007, S. 1).

Hierbei werden im Verkehr „mitschwimmende" Fahrzeuge als mobile Sensoren einge-setzt, die stets aktuelle Daten aus ihrer unmittelbaren Umgebung generieren und weitergeben. Zudem ist auch jedes Fahrzeug Nutzer der von anderen Fahrzeugen gesammelten und aufbereiteten Daten. Zu einem Datensatz gehört neben der per GPS bestimmte Postion des Fahrzeugs auch die aktuelle Geschwindigkeit des Fahrzeugs, die dann anonym per Mobilfunk an eine zentrale Stelle zur Verarbeitung und Aufbereitung gesendet werden. Aus diesen beiden Daten lässt sich dann ein Aussage über die Verkehrslage auf bestimmten Straßen(-abschnitten) treffen (vgl. Breitenberger et al, 2004, S.2f).

Auf Basis von FCD entwickelte BMW die sog. „Extended Floating Car Data" oder kurz XFCD, wobei die bereits erwähnten Parameter Position und Geschwindigkeit um eine Vielzahl weiterer Daten ergänzt werden, die aus den modernen Steuer-geräten und Subsystemen des Fahrzeugs ausgelesen und ebenfalls per Mobilfunk an eine zentrale Stelle ver-sendet werden. „So lassen sich [...] Schaltzustände von u.a. Abblend-, Fern- und

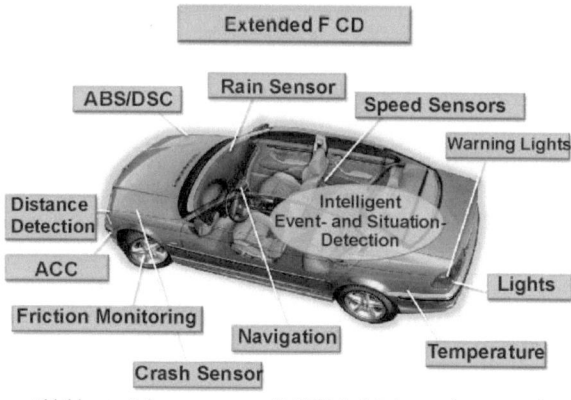

Abbildung 2: Fahrzeugsensoren für XFCD (vgl. Huber et al., 1999, S. 5)

Nebellicht, ABS, ASC, Außenthermometer, Klimaanlage, Navigationssystem, Bremse, Regensensor, Scheibenwischer und Warnblinker [...]" (Breitenberger et al, 2004, S. 3) als Datenquellen für die XFCD und darauf aufbauende Dienste nutzen.

3 Mögliche Anwendungsfälle

Auf den folgenden Seiten werden einige mögliche Dienste für Car Sharing Nutzer vorgestellt und näher beleuchtet, die auf Activity Recognition in Verbindung mit Floating Car Data basieren. Das unten stehende Use-Case-Diagramm (Abb. 3) verbildlicht die Zusammenhänge zwischen den Anwendungsfällen und den betreffenden Akteuren.

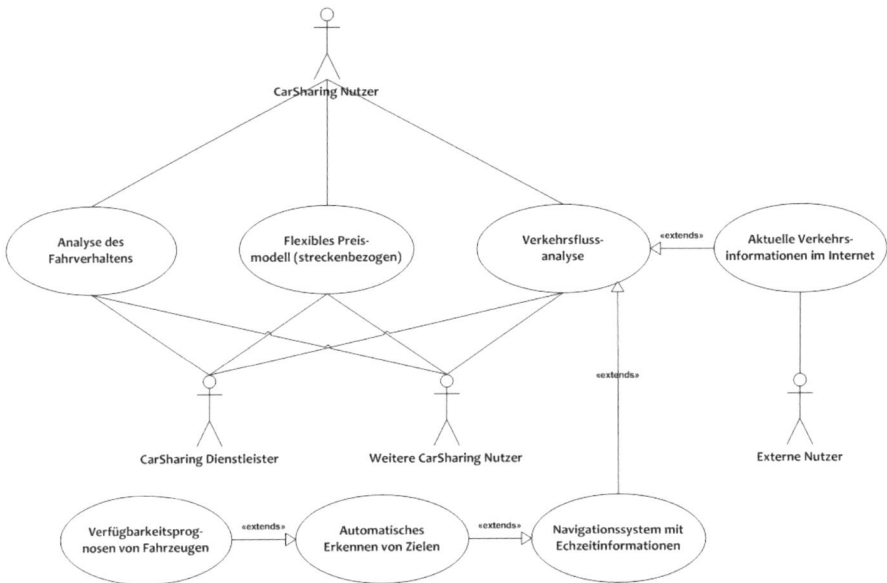

Abbildung 3: Use-Case-Diagramm der möglichen Anwendungsfälle.

3.1 Verkehrsflussanalyse und Navigationssystem mit Echtzeitinformationen

Bereits 1997 führten die beiden Unternehmen Mannesmann-Autocom und Tegaron ein erstes Pilotprojekt namens VERDI in Deutschland durch, dass sich mit der Verkehrsflussanalyse auf Basis von Floating Car Data befasste. In allen Feldtests wurde hierbei aufgezeigt, dass FCD eine sehr gute Möglichkeit zur Erfassung von Verkehrsdaten ist (vgl. Huber et al., 1999, S. 2f).

Grundsätzlich werden zur Analyse zunächst nur zwei Informationen von den im Verkehr „mitschwimmenden" Fahr-zeugen zur FCD-Generierung benötigt: Die aktuelle Position per GPS-Lokalisierung und die aktuelle Geschwindigkeit. Erhält man diese Daten durchgehend in ausreichend kleinen Zeitintervallen, so kann man mit diesen Informationen langsamen Verkehrsfluss und Staus automatisch erkennen. In Abb. 4 wird das Prinzip verdeutlicht. Zwischen Punkt A und Punkt B bewegt sich das Fahrzeug mit relativ hoher Geschwindigkeit, ein flüssiger Verkehrsfluss ist daraus zu schließen. Gegen Ende nimmt die Geschwindigkeit jedoch ab, bis kurz nach Punkt B das Fahrzeug für längere Zeit zum Stehen kommt und anschließend nur noch langsam voran kommt. Aus diesen Daten lässt sich ein Stau oder zumindest ein sehr stockender Verkehrsfluss schließen. Gegen Punkt C erhöht sich die Geschwindigkeit wieder, bis sie nach Punkt C wieder fast auf Anfangsniveau bei Punkt A ist. Aus dieser Information lässt sich schließen, dass das betreffende Fahrzeug den Stau wieder verlassen hat und an der aktuellen Position flüssiger Verkehrsfluss herrscht.

Überträgt man dieses Prinzip nun auf viele weitere Fahrzeuge, die FCD an eine zentrale Stelle schicken, so wird eine umfangreiche Verkehrsflussanalyse für den gesamten befahrenen Raum ermöglicht. Bei CarSharing Dienstleistern begrenzt sich dieser Raum in der Regel auf das Geschäftsgebiet und ist daher relativ überschaubar und leichter abzudecken als ein Gebiet ohne feste Grenzen für die Fahrzeuge, die die Daten liefern.

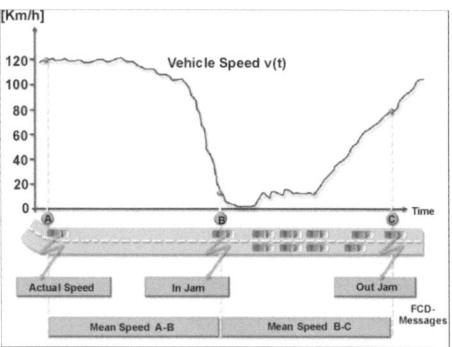

Abbildung 4: Stauerkennung (vgl. Huber et al., 1999, S. 3)

Dennoch ergibt sich ein grundlegendes Problem: Es muss eine ausreichende Anzahl an Fahrzeugen verteilt über das Straßennetz das System mit FCD versorgen, d.h. es sind bestimmte Durchdringungsraten - abhängig von der betreffenden Straße – nötig (vgl. Breitenberger et al., 2004, S. 10ff).

Zur Auswertung der gewonnen Daten müssen die einzelnen Datensätze dann zunächst überprüft werden. Hierbei darf zunächst der zeitliche Abstand zum letzten Datensatz dieses Fahrzeugs nichts zu groß sein und zudem muss ein Plausibilitätscheck der Daten durchgeführt werden, d.h. vor allem in stark bebauten Gebieten kann die Genauigkeit der GPS-Lokalisierung durch Abschattungen und Reflexionen zu Fehlern führen. Ist die aktuell übertragene Position relativ zur letzten bekannten Position nicht plausibel, so muss der gesamte Datensatz verworfen werden und kann für die Verkehrsflussanalyse nicht genutzt werden (vgl. Lorkowski et al., 2003, S. 4).

In einem Pilotprojekt mit Taxi-Unternehmen in Berlin, München, Nürnberg, Stuttgart und Wien im Jahre 2003 waren ca. 85% der Datensätze nach der Überprüfung brauchbar. Zieht man in Betracht, dass die GPS-Technik in den letzten sieben Jahren weiter Fortschritte gemacht hat, so kann man davon ausgehen, dass heute sogar Werte über 90% zu erreichen sind. Die erhaltenen und verarbeiteten Daten werden abschließend auf das Straßennetz referenziert (genannt „Map Matching") und für einen späteren Gebrauch mit Zeitstempel in einer Datenbank hinterlegt (vgl. Lorkowski et al., 2003, S. 4).

Auf Basis der gespeicherten Reisezeiten auf bestimmten Streckenabschnitten kann dann eine Aussage über das herrschende Verkehrsaufkommen getroffen werden, womit die Navigationssysteme aller Fahrzeuge wieder versorgt werden können.

Navigationssysteme beziehen ihre Daten in den üblichen Fällen aus einer lokalen Datenbank, die nicht jederzeit auf dem aktuellen Stand gehalten werden kann. Mit den Daten aus der Verkehrsflussanalyse können Staus

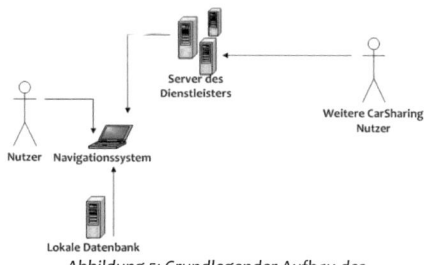

Abbildung 5: Grundlegender Aufbau des Navigationssystems mit Echtzeitinformationen

und langsamer Verkehrsfluss in Echtzeit in die Berechnung der optimalen Route eingehen und Nutzer werden so schon beim Entstehen eines Staus auf Ausweichrouten umgeleitet. Zudem kann die Berechnung der Reisezeit durch aktuelle Daten konkretisiert werden. In Abb. 5 ist das grundlegende Konzept verdeutlicht: Das Navigationssystem hat weiterhin eine lokale Datenbank zur Speicherung von Straßenverläufen und anderen eher statischen Daten. Vom Server des Dienstleisters werden aktuelle Verkehrsinformationen bezogen, die dann in Verbindung mit den lokalen Daten zur Berechnung der optimalen Strecke genutzt werden.

3.2 Analyse des Fahrverhaltens und flexibles Preismodell

Die Lebensdauer eines PKWs ist „auf ein Intervall zwischen 7 bis 12 Jahre konzentriert" (Dudenhöffer et al., 2004, S. 197), wobei sich diese Zahlen auf einen privat genutzten PKW beziehen. Zieht man in Betracht, dass privat genutzte Fahrzeuge im Durchschnitt täglich nur eine Stunde genutzt werden (vgl. Shaheen et al., 1998, S. 1), so verringert sich die Lebensdauer eines PKWs im Fuhrpark eines CarSharing Dienstleisters durch die verstärkte Nutzung.

Für „deutsche CarSharing-Organisationen [sind] jährliche Fahrleistungen von 17.000 bis 25.000 Kilometer pro Auto die Regel." (Muheim et al., 1998, S. 74) Damit unterliegen diese Fahrzeuge einer bis zu 2,5-fach stärkeren Nutzung als privat genutzte PKW im Mittel (vgl. Gensch et al., 2007, S. 12). Die Folge ist, dass die Lebensdauer eines CarSharing Fahrzeugs im schlechtesten Fall nur noch im Intervall zwischen 2,8 bis 4,8 Jahren liegt.

Ein schonender Fahrstil kann diese Lebensdauer jedoch wieder verbessern. Dies liegt sowohl im Sinne des Dienstleisters als auch im Sinne der Nutzer, die ein gepflegtes und sicheres Fahrzeug wünschen. Um Nutzer zu einem schonenden Fahrstil zu motivieren, muss zunächst deren Fahrverhalten automatisch analysiert und ausgewertet werden. Auf Basis dieser Auswertung kann dann schonenden Fahrern ein Bonus zu Gute kommen.

Bereits seit 1999 wurde in Österreich vom Kuratorium für Schutz und Sicherheit in Kooperation mit der Technischen Universität Wien ein Projekt zur Analyse des Fahrverhaltens namens SAF (System zur Analyse des Fahrverhaltens) ins Leben gerufen. „Dabei wurden Kfz-Statussignale, Daten zur Geschwindigkeit, Längs- und Querbeschleunigung mit einer Abtastrate von 200/Sekunde aufgenommen." (Smuc et al., 2006, S. 1). Ein ähnliches System ließe sich auch in den Fuhrpark der CarSharing Dienstleister integrieren, um die nötigen Daten für die Analyse des Fahrverhaltens sammeln zu können.

Um einen zusätzlichen Anreiz für Nutzer zu bieten – und im Kontext von sozialen Netzwerken zu bleiben – würde sich ein Sammeln der Daten über einen gewissen Zeitraum (z.B. monatsweise) anbieten um auf deren Basis eine Rangliste aufzustellen. Die Nutzer auf den vorderen Plätzen könnten dann mit weiteren Boni wie Gutschriften entlohnt werden.

Mit derartigen Gutschriften ließen sich Nutzer auch für andere Zwecke einspannen. In Kapitel 3.1 wurde angesprochen, dass für eine umfangreiche Verkehrsflussanalyse gewisse Durchdringungsraten abhängig von der jeweiligen Straße nötig sind. Hier stellt sich das Problem, dass Hauptstraßen eher befahren werden als Seitenstraßen, für diese Straßen jedoch dennoch Daten für die Analyse benötigt werden. Als Lösung für dieses Problem bietet sich ein flexibles, streckenabhängiges Preismodell an: Nutzer erhalten vergünstigte Tarife, wenn sie statt der Hauptstraßen Nebenstraßen befahren und somit Daten für die Verkehrsflussanalyse sammeln. Diese Daten kommen dann wiederum allen Nutzern zu Gute, da der Verkehrs umfangreicher im Blick gehalten werden kann und die Navigationssysteme schneller und besser auf die aktuelle Lage reagieren können.

3.3 Automatisches Erkennen von Zielen

In Kapitel 3.1 wurde bereits ein mögliches Konzept für ein verbessertes Navigations-system dargestellt, das auf den folgenden Seiten um einen möglichen weiteren Dienst er-weitert werden soll. Die Grundidee ist, dass auf Basis der gewonnenen Daten eines Nutzers dessen bevorzugte Ziele automatisch ausgewertet und erkannt werden.

Diese sollen dann unabhängig vom eigentlichen Fahrzeug dem Nutzer in jedem Fahrzeug des Fuhrparks zur Verfügung stehen und dem Nutzer ein schnelles und einfaches Auswählen seiner bevorzugten Ziele ermöglichen. Nach der Auswahl wird auf Basis der aktuellen Ver-kehrsflussanalyse (siehe Kapitel 3.1) die optimale Route berechnet und über das eingebaute Navigationssystem dem Nutzer zur Verfügung gestellt.

Ziele sind in diesem Kontext als Orte definiert, an denen der Nutzer längere Zeit verweilt bzw. Orte, an denen der Nutzer seine Fahrt begonnen oder vor allem beendet hat. Diese Orte sind an sich relativ einfach über Floating Car Data in Verbindung mit einer GPS-Lokalisierung zu bestimmen. Allerdings ergeben sich hier zwei grundlegende Probleme: Ab wann zählt ein Stopp eines Nutzers als allgemeines Ziel? Und: Orte haben i. d. R. eine gewisse Ausdehnung. Zudem werden Nutzer nicht immer direkt vor Ort einen Parkplatz finden können, so dass die reinen GPS-Koordinaten nicht eindeutig einen Ort bestimmen können.

Diese beiden Probleme sollen auf den folgenden Seiten genauer beleuchtet werden.

3.3.1 Bestimmen eines geeigneten Zeitrahmens t

Zunächst lässt sich sagen, dass ein allgemein gültiger Zeitrahmen t nicht existiert. Statt-dessen muss je nach Situation ein geeigneter Wert für t bestimmt werden, wobei folgende Formel zum Einsatz kommt:

$$places_{count} = coords_{idle \geq t}$$

Die Anzahl der Ziele ergibt sich aus der Menge der einzigartigen GPS-Koordinaten, an denen die Wartezeit größer gleich dem Parameter t ist. Je kleiner der Wert t wird, desto mehr Ziele ergeben sich. Wird der Wert t größer, dann verringert sich die Anzahl der Ziele. Das Problem an dieser Stelle: Wird der Wert t zu groß, dann werden Zielorte des Nutzers nicht erkannt, wird der Wert t jedoch zu klein, dann werde Zielorte erkannt, die für den Nutzer gar keinen Zielort darstellen.

Am Georgia Institute of Technology wurden Studien durchgeführt, die auch diesen Aspekt beleuchteten. Dabei wurden zunächst 2001 über vier Monate hinweg die Bewegungsdaten eines Teilnehmers aufgezeichnet, im folgenden Jahr wurden über sieben Monate hinweg die Bewe-gungsdaten von sechs Teilnehmern aufgezeich-net. Dabei wurde die obige Formel mit verschie-denen Werten für den Parameter t genutzt (siehe Abb. 6). Laut den Ergebnissen dieser Studien eignet sich im vorliegenden Fall ein Wert von 10 Minuten sehr gut für den Parameter t (vgl. Ashbrook et al., 2003, S. 5).

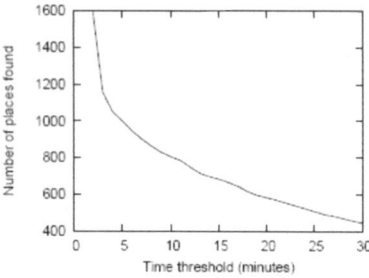

Abbildung 6: Abhängigkeit zwischen Wartezeit und Zielorten (vgl. Ashbrook et al., 2003, S. 5)

3.3.2 Clustern von Zielorten

Nachdem nun durch den Parameter t die vorliegenden GPS-Koordinaten auf ein nötiges Minimum reduziert wurden und nur noch jene Koordinaten vorliegen, die auch wirklich einen Zielort markieren, müssen diese nun in einem weiteren Schritt geclustert werden. Wie bereits in Kapitel 3.3 angesprochen bestehen Orte nicht aus einer Punktkoordinate, sondern haben eine gewisse Ausdehnung. Der Nutzer erreicht diese Orte über verschiedene Koordinaten, wobei all diese Koordinaten nur einen Ort bestimmen.

Die einzelnen Koordinaten eines Zielorts müssen also automatisch zu einer Koordinate geclustert werden ohne manuelles Eingreifen. Dabei muss das Verfahren erkennen, welche Koordinaten tatsächlich einen Ort bilden. Zu diesem Zweck können verschiedene Clusteralgorithmen zum Einsatz kommen.

Das Konzept hinter Clusteralgorithmen ist es, gleichartige Daten in Gruppen einzuteilen, und dabei die Ähnlichkeit zwischen den Daten einer Gruppe zu maximieren, während man gleichzeitig die Ähnlichkeit zwischen den Gruppen minimiert (vgl. Chen, 2001). Im weiteren Verlauf dieses Kapitels sollen einige Clusteralgorithmen vorgestellt werden und deren Sinn und Nutzen für das vorliegende Problem diskutiert werden.

3.3.2.1 k-Means-Algorithmus

Der k-Means-Algorithmus ist ein weit verbreitetes Verfahren um Daten in eine vorher festgelegte Anzahl k an Gruppen aufzuteilen. Hierbei wählt man zu Beginn k Clusterzentren zufällig aus und führt dann iterativ den folgenden Algorithmus durch (vgl. MacQueen, 1967).

- Jedes Objekt wird dem Cluster hinzugefügt, dessen Schwerpunkt ihm am nächsten ist.

m entspricht den Clustern, x entspricht den einzelnen Objekten.

$$S_i^{(t)} = \left\{ x_j : \left\| x_j - m_i^{(t)} \right\| \leqslant \left\| x_j - m_{i^*}^{(t)} \right\| \text{ for all } i^* = 1, \dots, k \right\}$$

- Der Schwerpunkt jedes Clusters wird neu berechnet.

$$m_i^{(t+1)} = \frac{1}{\left| S_i^{(t)} \right|} \sum_{x_j \in S_i^{(t)}} x_j$$

- Zurück zum ersten Punkt, bis sich die Schwerpunkte nicht mehr bewegen.

Zusätzlich gibt es die Möglichkeit die maximalen Durchläufe des Algorithmus zu begrenzen und somit die Geschwindigkeit auf Kosten der Genauigkeit zu erhöhen. Der Vorteil dieses Verfahrens ist es, dass er auf jeden Fall ein vollständiges Ergebnis liefert und je nach Bedarf in der Geschwindigkeit anpassbar ist. Nachteil ist jedoch, dass man zuvor die Anzahl der Cluster bestimmen muss. Im vorliegenden Fall der Zielortbestimmung ist dies jedoch nur schwer möglich, da vor der Anwendung des Algorithmus die Anzahl der Zielorte nicht bekannt ist.

3.3.2.2 BIRCH-Algorithmus

Der BIRCH-Algorithmus (Balanced Iterative Reducing and Clustering using Hierarchies) ist ein Verfahren zum hierarchischen Clustern. Hierbei hat BIRCH den Vorteil, dass es ein schnelles Verfahren für sehr große Datensätze ist, indem es vor allem lokal arbeitet, d.h. dass jede Clusterentscheidung ohne das Scannen aller Objekte geschieht, nur zu Beginn ist ein Scannen des gesamten Datensatzes nötig. Zudem nutzt BIRCH aus, dass nicht jedes Objekt gleichbedeutend ist und die Objekte in der Regel nicht gleichmäßig über den Raum verteilt sind. Eine Region mit einer hohen Objektdichte wird kollektiv als ein Cluster behandelt. Objekte in Regionen mit dünner Objektdichte werden bei Bedarf entfernt. Zur Optimierung des Verfahrens nutzt BIRCH den verfügbaren Speicher optimal aus um die besten Subcluster zu bestimmen, während die I/O Kosten minimiert werden. Der Reduzierungsprozess wird außerdem durch eine interne Baumstruktur (Clustering-Feature-Tree) verwaltet (vgl. Zhang et al., 1996, S. 105). Der Algorithmus läuft nach dem folgenden Verfahren ab:

- Scannen aller Daten und Erstellen eines initialen CF-Baumes im Speicher.
- Komprimieren der Daten in einem kleineren CF-Baum.
  - Dabei Entfernen von „Ausreißern" und dichte Subcluster zu größeren verbinden.
- Anwenden eines globalen Clustering-Verfahrens auf die Blattknoten.
  - Dabei Festlegen der Menge an Clustern k.
- Bei Bedarf: Verfeinern des Clustering-Prozesses.

Der BIRCH-Algorithmus hat den Vorteil bei größeren Datenmengen – wie sie bei einer großen Menge an GPS-Koordinaten zu erwarten sind - schnell verarbeiten und clustern zu können, allerdings ist auch beim BIRCH-Algorithmus wie auch beim k-Means-Algorithmus das Festlegen der Clusteranzahl nötig. Im vorliegenden Fall der Zielortbestimmung ist dies jedoch – wie bereits in Kapitel 3.3.2.1 gesagt – nicht möglich, da vor der Anwendung des Algorithmus die Anzahl der Zielorte nicht bekannt ist.

3.3.2.3 DBSCAN-Algorithmus

Der DBSCAN-Algorithmus (Density-Based Spatial Clustering of Applications with Noise) ist ein dichtebasiertes Verfahren, d.h. man geht davon aus, dass die Dichte im Inneren eines Clusters höher ist als außerhalb eines Clusters. Zunächst müssen jedoch zwei Werte definiert werden: Die Mindestanzahl an Objekten für einen Cluster (MinPts) und ein Bereich, in dem diese Mindestanzahl vorhanden sein muss (ε). Zwei Punkte die maximal den Abstand ε haben, sind Nachbarn. Ein Punkt gilt als „dicht", wenn er mindestens MinPts Nachbarn hat. Punkte, die nicht genug Nachbarn haben um als „dicht" zu gelten, werden als „Rauschen" erkannt und für das eigentliche Clustern nicht mehr in Betracht bezogen. Sollte ein Punkt von mehr als einem Cluster erreichbar sein, so wird dieser zufällig einem der Cluster zugeteilt (vgl. Ester et al., 1996, S. 4). Der Ablauf des Algorithmus kann durch folgenden Pseudocode beschrieben werden:

```
DBSCAN (SetOfPoints, Eps, MinPts)
// SetOfPoints is UNCLASSIFIED
   ClusterId := nextId(NOISE);
   FOR i FROM 1 TO SetOfPoints.size DO
      Point := SetOfPoints.get(i);
      IF Point.ClId = UNCLASSIFIED THEN
         IF ExpandCluster(SetOfPoints, Point,
            ClusterId, Eps, MinPts) THEN
            ClusterId := nextId(ClusterId)
         END IF
      END IF
   END FOR
END; // DBSCAN
```

```
ExpandCluster(SetOfPoints, Point, ClId, Eps,
              MinPts) : Boolean;
    seeds:=SetOfPoints.regionQuery(Point,Eps);
    IF seeds.size<MinPts THEN // no core point
        SetOfPoint.changeClId(Point,NOISE);
        RETURN False;
    ELSE // all points in seeds are density-
         // reachable from Point
        SetOfPoints.changeClIds(seeds,ClId);
        seeds.delete(Point);
        WHILE seeds <> Empty DO
            currentP := seeds.first();
            result := SetOfPoints.regionQuery(currentP,Eps);
            IF result.size >= MinPts THEN
                FOR i FROM 1 TO result.size DO
                    resultP := result.get(i);
                    IF resultP.ClId
                        IN {UNCLASSIFIED, NOISE} THEN
                        IF resultP.ClId = UNCLASSIFIED THEN
                            seeds.append(resultP);
                        END IF;
                        SetOfPoints.changeClId(resultP,ClId);
                    END IF; // UNCLASSIFIED or NOISE
                END FOR;
            END IF; // result.size >= MinPts
            seeds.delete(currentP);
        END WHILE; // seeds <> Empty
        RETURN True;
    END IF
END; // ExpandCluster
```

Vorteile des DBSCAN-Algorithmus sind leicht zu finden: Im Gegensatz zum k-Means-Algorithmus (siehe Kapitel 3.3.2.1) und dem BIRCH-Algorithmus (siehe Kapitel 3.3.2.2) muss vor dem Verfahren nicht die Anzahl der Cluster festgelegt werden, zudem können neben runden Clustern per DBSCAN Cluster jeglicher Form erkannt werden. Zudem ist das Verfahren deterministisch und wird bei jedem Durchlauf das gleiche Ergebnis liefern, während bei den anderen beiden vorgestellten Verfahren das Ergebnis zufällig und nicht leicht zu reproduzieren ist. Nachteil ist jedoch, dass das Berechnen der Nachbarschaftsverhältnisse zwischen den einzelnen Objekten recht aufwendig ist. Allerdings ist der DBSCAN-Algorithmus dazu in der Lage aus den gesammelten GPS-Koordinaten Zielorte zu clustern. Die optimalen Werte für MinPts und ε müssten jedoch noch empirisch bestimmt werden.

3.3.2.4 Algorithmus nach Ashbrook et al.

Im Verlauf der bereits in Kapitel 3.3.1 angesprochenen Studien am Georgia Institute of Technology wurde auch ein eigener Algorithmus zum Clustern der GPS-Koordinaten entwickelt. Dieser basiert auf dem in Kapitel 3.3.2.1 vorgestellten k-Means-Algorithmus, wurde jedoch an entscheidenden Punkten modifiziert: Der Grundgedanke ist, dass man zufällig ein Objekt aus dem Datensatz auswählt und einen Radius r festlegt. Alle weiteren Objekte, die in diesem Radius liegen werden markiert und anschließend wird der Mittelpunkt all dieser Objekte bestimmt. Um diesen Mittelpunkt wird erneut der Radius r gelegt und alle Punkte in dessen Bereich markiert. Dieser Vorgang wird so lange fortgesetzt, bis sich die Position des Mittelpunkts nicht mehr verändert. Alle Punkte im Radius r um diesen Punkt werden entfernt und der Mittelpunkt wird als Zielort festgelegt. Das gesamte Verfahren wird so lange wiederholt, bis alle Objekte entfernt sind und nur noch Zielorte vorliegen (vgl. Ashbrook et al., 2003, S. 5).

Hierbei hängt das gesamte Verfahren von der Wahl des Parameters r ab. An sich ist ein kleiner Radius von Vorteil um vor allem in dicht besiedelten - wie z.B. in Großstädten – zwischen vielen verschiedenen Zielorten differenzieren zu können. Wählt man r jedoch zu klein, so wird im schlechtesten Fall jedes Objekt einem eigenen Cluster zugeordnet. Wird r jedoch zu groß gewählt, so kann es passieren, dass nicht zusammenhängende Orte als ein einziger Zielort erkannt werden. In Abb. 7 ist der Zusammenhang zwischen Radiusgröße und Anzahl der Cluster in den Studien dargestellt. Der Pfeil zeigt auf die Radiusgröße, die von Ashbrook et al. Als optimal eingestuft wurde.

Abb. 8 stellt grafisch das Vorgehen des Algorithmus dar, wobei das X jeweils den Mittelpunkt definiert. Die weißen Punkte sind die markierten Objekte innerhalb des Clusters und der gestrichelte Kreis zeigt die Position des Clusters im letzten Schritt an.

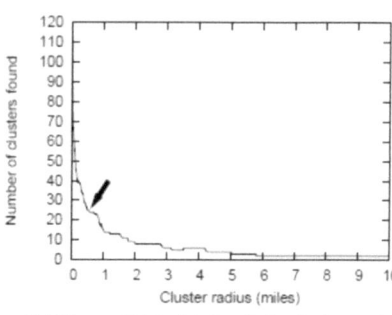

Abbildung 7: Abhängigkeit zwischen Radius und Clusterzahl (vgl. Ashbrook et al., 2003, S. 5)

Problem bei diesem Algorithmus gegenüber dem DBSCAN-Algorithmus ist, dass jedes Objekt am Ende in einem Cluster landet und falls notwendig ein eigener Cluster nur für dieses Objekt erstellt wird. Im DBSCAN-Algorithmus werden derartige „Ausreißer" jedoch nicht für das eigentliche Clustern verwendet, so dass durch die Parameter MinPts und ε die Möglichkeit besteht Orte erst nach einer bestimmten Anzahl an Besuchen zu einem Zielort zu erklären. Abschließend lässt sich also sagen, dass von den vier vorgestellten Algorithmen der DBSCAN-Algorithmus die beste Wahl ist.

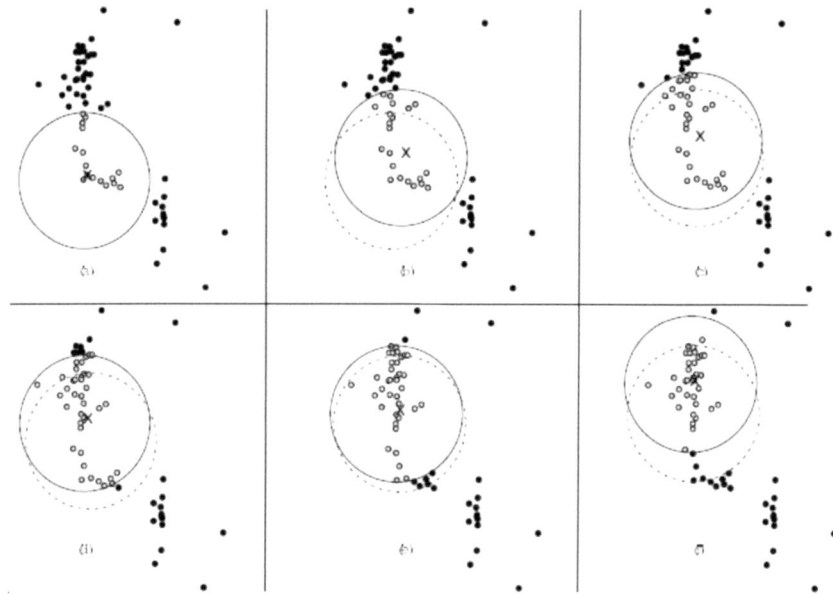

Abbildung 8: Vorgehen beim Algorithmus nach Ashbrook et al. (vgl. Ashbrook et al., 2003, S. 6)

3.4 Verfügbarkeitsprognosen von Fahrzeugen

Nachdem in Kapitel 3.3 nun ein Konzept zur Bestimmung von Zielorten von Nutzern vorgestellt wurde, ist es möglich auf dessen Basis einen weiteren Dienst für Nutzer von Car Sharing zur Verfügung zu stellen. Man kann davon ausgehen, dass Stammkunden im Geschäftsgebiet eines Dienstleisters in der Regel oft die gleichen Strecken und Ziele ansteuern. Dies kann man sich zu Nutze machen und in Zusammenhang mit den Nutzungszeiten eine Stammkunden Prognosen für die Zukunft erstellen: An welchen Orten wird zu welcher mit welcher Wahrscheinlichkeit ein Fahrzeug zur Verfügung stehen?

Eine mögliche Umsetzung: Nutzer können potenzielle Fahrzeuge reservieren. Kurz vor dem Termin wird vom System überprüft, ob ein Fahrzeug am prognos-tizierten Ort zur Verfügung steht. Falls nicht, kann der Nutzer per SMS darüber informiert werden, dass das Fahrzeug nicht zur Verfügung steht und zum nächsten Fahrzeug gelotst werden.

4 Zusammenfassung und Fazit

Abschließend lässt sich sagen, dass Activity Recognition in Verbindung mit Floating Car Data große Potenziale für CarSharing Dienstleister und Nutzer bietet. Im Rahmen dieser Arbeit wurden einige Konzepte vorgestellt, von denen einige bereits in ähnlicher Form – zwar nicht direkt im Bereich des CarSharing – aufgegriffen wurden und auch untersucht werden.

Das Konzept eines Ortsbezogenen Sozialen Netzwerks im Bereich CarSharing lässt sich sehr gut durch Activity Recognition unterstützen und ausweiten: So kann jeder Nutzer z.B. Daten für die Verkehrsflussanalyse liefern und zugleich von den gesammelten und vom Dienstleister aufbereiteten Daten anderer Nutzer profitieren.

Eine weitere Möglichkeit wäre es über die Webseite des Dienstleisters ein Portal für Fahrgemeinschaften auf Basis des CarSharing Fuhrparks einzurichten oder geschlossene Nutzergruppen auf dem Portal zu ermöglichen. So könnten Freunde, Familien oder Nutzer mit gleichen Interessen CarSharing Fahrzeuge z.B. für gemeinsame Ausflüge im Bereich des Geschäftsgebiets nutzen. Die Möglichkeiten sind mannigfaltig und werden durch den stetigen Fortschritt der eingesetzten oder einzusetzenden Technologien günstiger und attraktiver.

Kurz gesagt: CarSharing und Activity Recognition bieten in Kombination noch viel Spielraum für Expansion und in dieser Arbeit konnten nur wenige mögliche Aspekte angesprochen werden. Die Technologien existieren und die Grundlagen auf Seiten der großen Dienstleister ebenfalls. Falls also ein Markt besteht und die Nachfrage nach derartigen Dienstleistungen ebenso entstehen wird, so mag es nur eine Frage der Zeit sein, bis Anwendungen, wie sie in dieser Arbeit angesprochen wurden, zum Alltag im Bereich des CarSharing werden und vielleicht auch irgendwann darüber hinaus eine Rolle spielen werden.

5 Literaturverzeichnis

[**Ashbrook et al., 2003**] Ashbrook, D.; Starner, T. (2003). – Using GPS to learn significant locations and predict movement across multiple users. In: Personal and Ubiquitous Computing, Jg. 7, H. 5, S. 275 – 286.

[**Breitenberger et al., 2004**] Breitenberger, S.; Grüber, B.; Neuherz, M. (2004). – Extended Floating Car Data – Potenziale für die Verkehrsinformation und notwendige Durchdringungsraten. In: Strassenverkehrstechnik, Jg. 48, H. 10, S. 522-531.

[**Chen, 2001**] Chen, Z. (2001). – Data Mining and Uncertain Reasoning – An Integrated Approach. John Wiley & Sons, Inc. New York. ISBN: 0-471-38878-5.

[**Dudenhöffer er al., 2004**] Dudenhöffer, F.; Borscheid, D. (2004): Automobilmarkt-Prognosen: Modelle und Methoden. In: Automotive Management. Strategie und Marketing in der Automobilwirtschaft, S. 192–202.

[**Ester et al., 1996**] Ester, M.; Kriegel, H. P.; Sander, J., et al. (Hg.) (1996): A density-based algorithm for discovering clusters in large spatial databases with noise. Proc. KDD (96).

[**Gensch et al., 2007**] Gensch, C. O.; Grießhammer, R.; Götz, K.; Birzle-Harder, B. (2004). – PROSA–PKW-Flotte. In: Freiburg im Breisgau: Öko-Institut eV Pdf-Dokument verfügbar unter: www. oeko. de [5.5. 2007].

[**Huber et al., 1999**] Huber, W.; Lädke, M.; Ogger, R. (1999). – Extended floating-car data for the acquisition of traffic information. In: Computer, Jg. 4, H. L15, S16.

[**Lahrmann, 2007**] Lahrmann, H. (2007). – Floating car data for traffic monitoring. The i2Turn 2007 Conference, Aalborg, Denmark.

[**Lorkowski et al., 2003**] Lorkowski, S.; Brockfeld, E.; Mieth, P.; Passfeld, B.; Thiessenhusen, K. U.; Schäfer, R. P. et al. (2003) – Erste Mobilitätsdienste auf Basis von „Floating Car Data". In: AMUS, S. 93-100.

[**MacQueen, 1967**] MacQueen, J. B. (1967). – Some methods for classication and analysis of multivariate observations. Proceedings of the Fifth Symposium on Math, Statistics, and Probability. Berkeley, CA: University of California Press. pp. 281 - 297.

[**Muheim et al., 1998**] Muheim, P.; Luzern, P. (1998). – CarSharing-der Schlüssel zur kombinierten Mobilität: Eidgen. Drucksachen-und Materialzentrale EDMZ.

[**Schäfer et al., 2002**] Schäfer, R. P.; Thiessenhusen, K. U.; Wagner, P. (Hg.) (2002). – A traffic information system by means of real-time floating-car data. Proceedings of the IST World Congress.

[**Shaheen et al., 1998**] Shaheen, S.; Sperling, D.; Wagner, C. (1999). – Carsharing in Europe and North America: Past, Present, and Future. In: Transportation Quarterly (Summer 1998), Vol. 52, Number 3, pp. 35-52

[**Smuc et al., 2006**] Smuc, M.; Christ, R.; Gatscha, M. (2006). – SAF (System zur Analyse des Fahrverhaltens). Universität des Saarlandes.

[**Zhang et al., 1996**] Zhang, T.; Ramakrishnan, R.; Livny, M. (1996): BIRCH: an efficient data clustering method for very large databases. In: ACM SIGMOD Record, Jg. 25, H. 2, S. 103–114.